L41b
461

Lb41 461

LOUIS XVI

MARTYR

DANS SA ROYAUTÉ, DANS SA FAMILLE

DANS SA FOI

ÉLOGE FUNÈBRE

PAR AM. BURION

PARIS

CHEZ CHARLES PETIT, LIBRAIRE-ÉDITEUR

115, FAUBOURG SAINT-HONORÉ

1854

A MADAME LA BARONNE FLÉMING

MADAME,

La bienveillance avec laquelle vous avez accueilli mes premiers essais m'encourage à vous offrir ce travail. Votre nom me portera bonheur au début de la carrière; et ce sera pour moi l'occasion de vous renouveler

L'expression du profond respect

De votre très-humble serviteur,

AM. BURION.

Paris, ce 8 avril 1854.

ÉLOGE FUNÈBRE

Il est des jours dans la vie des peuples où Dieu semble retirer sa main pour laisser l'homme se débattre dans un abîme de misères ; jours solennels, jours effroyables, où la société tout entière ébranlée sur ses bases, pousse vers le ciel un cri déchirant, comme si sa dernière espérance allait s'évanouir, comme si sa dernière heure allait sonner. Alors, dans toutes les âmes, la crainte, l'étonnement, la stupeur ! pas un cœur qui ne frémisse, pas une tête qui ne tourne, à la vue du précipice qui va bientôt engloutir tant de grandeur et tant de gloire : alors, on cherche, on appelle, on invoque Dieu ; et Dieu se cache, et Dieu ne répond pas ; ou, s'il répond, c'est par le tonnerre de ses vengeances qui glace d'horreur et fait sécher d'épouvante !.... Jours affreux, jours de deuil, où peuples et rois roulent pêle-mêle, emportés par le tourbillon, et dévorés par la tempête.

Un jour donc, un peuple s'émut de colère ; il jeta autour de lui un coup d'œil superbe, audacieux, provocateur ; deux colonnes dressaient sur son front leur front séculaire ; la colonne de sa foi, celle de son autorité : les générations avaient passé, humbles et soumises, au pied de ces deux monuments magnifiques ; et comme un lutteur qui se prépare au combat, ce peuple se replia sur lui-même, il raidit ses bras, saisit les deux colonnes de ses mains puissantes, les ébranla, et les jeta par terre en poussant un hurlement de joie, un rugissement de triomphe. Un nuage de poussière s'était élevé, un effroyable craquement s'était fait entendre ; tous les peuples du monde en furent épouvantés, un moment avait suffi pour renverser l'œuvre des siècles.

Mais dans quels pays, sur quelles terres se sont accomplies ces choses ? Sans doute, au sein des régions incultes et sauvages ; mais, à quelle époque ? Sans doute sous la domination stupide du paganisme, sous le glaive du Vandale ou du Sarrasin ! Mais, pour quelle cause ?.... Sans doute, en haine de l'esclavage, pour repousser un joug ; briser un pouvoir sacrilége !.... Non, ces choses, elles se sont passées dans notre France, au centre de la civilisation et des lumières, sous le soleil du catholicisme : ces choses, elles se sont accomplies par haine de l'autorité, par amour de la licence, et il y a de cela à peine soixante ans !.... Oui, c'est en France, à Paris, sous le meilleur des rois, que le peuple en délire a renié son passé, ensanglanté son présent, flétri peut-être pour jamais son avenir !....

Le trône et l'échafaud !... La couronne royale et l'infâme bonnet rouge !.... Le sceptre croisé avec une hache sanglante, la gloire et l'infamie ; voilà l'étrange spectacle qui va se dérouler à nos yeux, hélas ! et nous sommes Français !....

Nous ne redirons pas les causes de cette lamentable révolution connue sous ce chiffre de hideuse mémoire : 93. Les principes de rébellion contenus en germe dans le protestantisme ; les folies sublimes du grand roi ; la corruption de la régence ; la précocité fatale du jeune Louis XV, flétri dans sa première fleur ; les envahissements du philosophisme et de l'immoralité débordant comme un fleuve sur la société française ; les incertitudes du meilleur des rois ; les ministères tour à tour élevés et détruits ; le déficit dans les finances ; les parlements insurgés contre l'autorité royale ; la convocation des États généraux ; l'usurpation de l'Assemblée nationale qui outrepassa ses pouvoirs ; enfin, ces événements formidables qui se précipitaient et qui ont amené la crise suprême où la monarchie et la religion, balayées par l'ouragan révolutionnaire, ont livré la France au désordre, au crime, à l'anarchie.

C'est Louis XVI seul, qui va apparaître à nos regards ; Louis XVI, précipité du trône dans les prisons, traîné des prisons à l'échafaud ; Louis XVI sur la place du crime, pardonnant comme le Christ à ses ennemis, tombant sous la hache du bourreau, et quittant la terre à ce mot sublime d'un prêtre catholique : « Fils de Saint-Louis, montez au ciel ! » — Louis XVI enfin, martyr dans sa royauté, martyr dans sa famille, martyr dans sa foi.

LOUIS XVI MARTYR DANS SA ROYAUTÉ

L'homme n'est pas un être isolé, perdu dans le monde ; c'est l'anneau d'une grande chaîne, précédé et suivi d'autres anneaux qui se relient entre eux. L'homme est un être mystérieux qui ne vit pas seulement par le présent, mais par le passé, par l'avenir. Outre sa propre existence, il a la préexistence dans ses ancêtres, la survivance dans sa postérité. Aussi, quand un homme est né roi, et que sa royauté lui est arrachée par une de ces effroyables catastrophes qu'on appelle révolutions, cet homme, ce roi, ne souffre pas seulement dans sa royauté à lui ; il souffre, il est martyr dans la royauté de ses pères, dans la royauté de ses enfants. Mais quand la couronne qu'on portait au front est la couronne des rois de France, quand on a l'honneur d'être un anneau de cette chaîne glorieuse qui compte quatorze siècles d'existence ; oh ! alors, quel doit être le martyre... Et ce martyre, Louis XVI ne l'a-t-il pas subi dans toute son étendue, dans toutes ses horreurs?

Certes, il était beau, il était magnifique l'héritage transmis à ce roi. Elle était brillante, elle était glorieuse, la couronne qui rayonnait sur sa tête.

Cette couronne, c'était la couronne que Clovis posait sur son front dans les plaines de Tolbiac.

C'était la couronne que Charles-Martel sauvait à Poitiers en sauvant à la fois le catholicisme et la civilisation.

C'était la couronne que Charlemagne avait saisie de sa main puissante et dont l'éclat faisait pâlir le diadème vermoulu des Césars, alors que l'Europe, vaincue par le grand empereur, saluait en lui le régénérateur de l'Occident, le père des nationalités modernes.

C'était la couronne que Hugues-Capet avait relevée, à laquelle il avait rendu la jeunesse et la gloire, en la transmettant, du consentement de la France, à sa vaillante postérité.

C'était la couronne que Philippe-Auguste avait déposée sur l'autel en s'écriant : « Au plus digne!... » et qu'il avait reprise pour s'élancer en vainqueur à Bovines et terrasser l'Allemand envahisseur.

C'était la couronne que saint Louis avait portée dans les champs de Saintes et de Taillebourg et dont les feux brillants comme l'éclair, brûlants comme la foudre, frappèrent d'épouvante les éternels ennemis de la France et de ses rois.

C'était la couronne que Dieu se chargea de défendre par l'épée de Duguesclin aux jours où l'Anglais victorieux entassait les ruines et les décombres au sein de notre vieille patrie.

C'était la couronne vengée, reconquise et glorifiée par l'héroïsme de Jeanne d'Arc, sur les remparts d'Orléans et dans les champs de bataille ; la couronne que la jeune guerrière vint déposer à Reims sur le front du victorieux Charles VII, aux frémissements de rage des Anglais, à la joie et au bonheur de la France redevenue française.

C'était la couronne illustrée à Marignan par les prouesses de François Ier, et mêlant ses reflets aux derniers reflets de l'astre de la chevalerie qui s'éteignait glorieux sur la tombe de Bayard, sans peur et sans reproche.

C'était la couronne que la main vaillante du Béarnais avait arrachée aux mains de la Ligue et de l'Espagnol, à Coutras, à Arques, à Ivry, à Fontaine-Française ; cette couronne noircie de la poussière des camps et de la poudre des combats, reconquise à la pointe de l'épée par le grand Henri !

C'était la couronne qui rayonna de toutes les splendeurs alors qu'elle tomba sur le front de Louis XIV, alors qu'elle eut pour défenseurs les Turenne, les Condé, les Villars, les Catinat, les Vauban ; pour ministres, les Colbert et les Louvois ; alors que l'Europe, vaincue par ses soldats, éclairée par ses savants, émerveillée par ses poëtes, n'avait qu'une voix pour chanter les gloires du grand siècle et du grand roi.

Cette couronne, Louis XVI l'a vue arrachée à son front ; il a vu traîner dans la fange et dans le sang cette pourpre qui avait recouvert tant de royales épaules. Il avait donc fallu que l'océan révolutionnaire, contenu pendant de si longs siècles, attendît jusqu'à lui pour le briser et l'engloutir sous ses vagues écumantes. Le voyez-vous, cet illustre martyr de la royauté, le voyez-vous courbé sous son fardeau de gloire, écrasé par les souvenirs de quatorze cents ans, jetant sur l'avenir un regard d'effroi ; mesurant d'un coup d'œil la profondeur du gouffre où va s'abîmer sa puissance !.... Au milieu de ces sombres nuits du Temple, il est là, étendu sur sa couche de douleur, comme sur un lit funèbre. Le sommeil fuit loin de ses paupières ; et voilà que tout à coup, il croit voir se dresser autour de lui l'ombre de soixante rois, la couronne sur le front, le sceptre à la main, le glaive au côté, et tous s'inclinant vers lui, crier d'une voix lamentable : « Réponds, qu'as-tu fait de notre héritage? qu'as-tu fait de notre belle et glorieuse patrie?.... » Et la grande figure de la France lui apparaît aussi, pâle, sanglante, les cheveux épars, le geste terrible : à ses pieds pleure et gémit la religion ; il voit les ministres saints massacrés, les temples renversés, les sanctuaires violés ; et lui, il est captif, il n'est plus roi ! Saisi d'épouvante, glacé d'effroi, il cache son front dans ses mains royales ; aux tristes accents de ses ancêtres, aux gémissements de la patrie, aux larmes de la religion, il ne répond que par ses larmes et ses soupirs ; et il lui semble que la couronne sur son front est un cercle de fer qui le presse, le torture ; le sceptre, un glaive acéré qui déchire ses mains ; la pourpre, un manteau de feu qui le brûle et le dévore!....

O mystérieuse profondeur des desseins de la Providence! ô impénétrables décrets du Très-Haut!... Ce roi qui avait vécu pur et sans tache au milieu de la corruption et des débordements d'un siècle flétri ; lui, qui avait été vertueux quand la vertu n'était plus qu'un nom ; lui, qui avait conservé la foi ardente et invincible au milieu des blasphêmes du philosophisme et des railleries de l'impiété ; lui, en un mot, le saint Louis du XVIIIe siècle, il avait été choisi pour être la victime et l'holocauste de la France, pour porter tout le poids de la colère divine. A lui l'honneur d'expier la gloire et peut-être aussi les vices de tant de princes qui l'avaient précédé sur le trône, sans assez se souvenir que les rois font les peuples à leur image et ressemblance. Un Homme-Dieu pouvait seul expier les crimes de l'humanité : un roi juste pouvait seul expier les crimes de la France et les vices de ses rois!....

Louis XVI a été martyr dans la royauté de ses ancêtres ; mais ne l'a-t-il pas été aussi dans la royauté de ses enfants? n'a-t-il pas été, comme un autre Adam, l'artisan du malheur de sa postérité? et s'il n'avait pas été chrétien, n'aurait-il pas pu s'écrier aussi justement que le patriarche des douleurs : « Maudit soit le jour où je suis né ! maudite la nuit où j'ai été conçu ! maudit surtout le jour qui m'a fait roi ! »

Quel langage pourrait redire les angoisses du cœur de Louis XVI, à la vue du triste sort qui attend désormais sa royale et malheureuse postérité ! Sans doute, il devait pleurer au souvenir du magnifique héritage qui s'est anéanti dans ses mains ! Mais, quand du haut de son palais où il n'est plus roi que de nom, quand des fenêtres grillées de son cachot il jeta sur l'avenir un long et douloureux regard, comme son âme dut se briser, comme son esprit dut défaillir !.... L'avenir, que d'angoisses, que de tristesses, que d'amertumes renfermées dans ce seul mot ! Qu'est-il devenu, ce beau royaume de France qu'il devait transmettre à son fils ? Que sont-ils devenus, ces joyeux ébats, ces rêves dorés de Versailles et de Trianon ? La gloire, la puissance, son fils n'en aura qu'un souvenir ; et ce souvenir sera son supplice !.... Le diadème qu'il lui donnera, ce sera la honte ; la pourpre qu'il jettera sur ses épaules, ce sera un manteau tout rougi du sang des rois.

L'espérance ! où est-elle ? Il cherche une seule étoile dont le rayon lui dise : *Espère ;* et des nuages chargés de tempêtes s'étendent à l'horizon. Nautonnier royal, enchaîné à la poupe de son vaisseau, il regarde ; et dans le ciel la foudre, et sur les flots la tourmente, et autour de lui la mort. Encore s'il devait périr seul, si quelque barque pouvait recueillir son enfant, le ramener au port !.... Non ! non !.... Rien pour le consoler !.... Rien qui puisse ranimer ce cœur déçu dans son espoir, écrasé par les infortunes. Et quand bien même ils devraient échapper à la mort, ces rejetons de la plus noble race de l'univers, il les voit chargés du poids de leur nom et de la gloire de leurs ancêtres ; il les voit errants à travers le monde, sans toit pour s'abriter, eux dont les pieds n'auraient dû fouler que le marbre des palais ; sans vêtements, eux qui devaient revêtir le manteau royal ; sans pain, eux qui étaient appelés à devenir la providence des peuples confiés à leur garde ; sans serviteurs, eux qui devaient avoir autour d'eux les grands et les nobles pour les défendre de leur vaillante épée !....

Où porteront-ils leurs pas?.... Où iront-ils promener leur royale infortune. Criminels, parce qu'ils seront fils de roi ; et les rois les fuiront comme si leur malheur était contagieux, comme si leur attouchement pouvait être fatal !.... Et les peuples les maudiront comme leurs ennemis ; en les voyant passer ils hocheront la tête, et leur lanceront des regards de haine et de mépris. Le cachet auguste de leur naissance, sera devenu comme la flétrissure imprimée au front du forçat ; comme le Christ, ils n'auront pas où reposer leur tête ; ils dévoreront outrage sur outrage ; ils seront abreuvés d'amertume ; exilés, ils n'auront pas pour se consoler le soleil, les champs de la patrie ; et la terre qui recouvrira leurs royales cendres, ce sera la terre étrangère.

Lugubre, épouvantable destinée ! La hache du bourreau ou les douleurs de l'exil ! Infortuné monarque : voilà le sort qui attend ta postérité !... Et ce sera ton ouvrage !... Ah ! comprenons-nous ce qu'il y a d'effroyable dans les accusations que ce royal père porte contre lui-même. C'est par moi qu'ils sont déshérités de leur gloire, par moi qu'ils sont précipités dans un abîme de malheurs !.... Et les siècles, et l'histoire !.... terrible appréhension ! formidables terreurs !.... L'histoire, ce juge inflexible et sévère qui le citera à son tribunal, qui fera retomber sur lui les malheurs, peut-être le sang de ces enfants. Rassure-toi, prince magnanime, l'histoire saura t'absoudre : opprobre à quiconque outragerait ta mémoire ! Sur ton front découronné la postérité viendra poser l'auréole du martyre, et les siècles proclameront ton innocence !

Martyr dans la royauté de ces enfants, Louis XVI a encore été martyr dans sa propre royauté. En effet, outre le cachet auguste imprimé sur le front de ce fils des rois, il portait encore la marque de l'onction sainte; nouveau David, il s'était prosterné aux pieds du pontife, dans la vieille basilique de Reims, et il s'était relevé roi, roi du premier royaume du monde; roi comme l'avaient été ses pères, roi de droit national. Que de gloires, que de grandeurs accumulées sur le front de Louis XVI!... Et puis, tout à coup, souffla l'ouragan révolutionnaire; le roi n'est plus qu'un esclave, sa majesté a été violée par des attentats inouis; le sceptre si glorieux est devenu le jouet d'une populace en délire, le trône va se transformer en un gibet d'ignominie.... Prisonnier de ce peuple qui lui devait son respect et son amour, Louis XVI se replia sur lui-même; il chercha dans l'histoire un modèle, une consolation, un appui; et il vit qu'il n'y avait eu au monde aucun roi qui pût lui disputer la palme de la douleur et du martyre.

Sans doute Louis IX, de sainte et héroïque mémoire, captif de l'Infidèle, avait vu, chargé de fer, ce bras si terrible dans les batailles; sans doute, Jean, vaincu, dans les champs de Poitiers, était devenu la conquête d'un insolent vainqueur; sans doute, Charles VII, errant et fugitif, traqué de ville en ville, de province en province, avait vu le vieil étendard des lis s'incliner devant les plis victorieux du drapeau de l'Angleterre; sans doute, le héros de Marignan, trahi par la fortune, s'était rendu frémissant à son fier et implacable rival; sans doute, le Béarnais n'ayant pour fortune que son épée, pour couronne que son casque, pour courtisans que sa pauvre et vaillante noblesse, avait affronté mille fois la mort pour ressaisir ses droits et foudroyer la ligue insolente; mais Louis XVI, il est prisonnier, sans espoir, sans consolation, sans appui; roi détrôné, il ne quittera les sombres remparts du Temple que pour monter sur un sanglant échafaud!

Comme saint Louis, il ne verra pas ses vainqueurs se prosterner à ses genoux et lui offrir une couronne; comme le vaincu de Poitiers, il n'aura pas rougi le champ de bataille des flots de son sang royal; comme Charles VII, il ne verra pas une Jeanne d'Arc chasser l'Anglais et assurer la couronne sur son front (plus grand que lui il n'aurait pas laissé brûler la libératrice de la France, l'héroïne de la monarchie); comme François Ier, il ne verra pas ses vainqueurs s'arrêter étonnés devant tant d'audace et de vaillance; comme son aïeul Henri IV, il n'aura pas agité son panache blanc pour guider ses soldats au chemin de la gloire et de l'honneur!.... Non! Non! La mort qui lui est réservée, c'est la mort qui attend l'assassin après son crime, le brigand après une vie de forfaits et de noirceurs, le traître après avoir vendu sa patrie.... Cette mort, elle ne sera pas radieuse comme sur le champ d'honneur, alors qu'elle vole sur l'aile de la gloire; elle sera sombre, terrible, effroyable.... Ses ennemis à lui, ses bourreaux.... ce sera son peuple; ce peuple qu'il aime jusqu'au délire, pour lequel il donnerait mille fois sa vie; ce peuple qui a été défendu par l'épée, le sceptre et le sang de ses aïeux; ce peuple, jusqu'alors le plus grand de l'univers, le peuple roi des modernes et qui va s'appeler désormais le peuple flétri, le peuple régicide!....

Dans quel océan de douleurs est ballotté cet homme dont tout le crime, encore un coup, est d'être né roi!.... Voyez-le, ce prince, ce dominateur, ce maître! de quelle injure sanglante va-t-on le flétrir!.... On va l'appeler du nom de son aïeul, Capet! et quand on lui a jeté ce nom au visage, il semble qu'on ait déchargé sur lui tous les trésors de la haine, de la vengeance et de la fureur!.... Capet!.... Arrêtez, malheureux, ce nom dont vous croyez faire un insulte, c'est son titre de gloire; vous prétendez le faire rougir de honte, c'est pour lui le motif d'une noble fierté!.... Vous voulez qu'il courbe la tête, et à ce mot il doit trouver dans ses yeux un royal et puissant regard! Ce nom, mais c'est le nom de celui, de ceux qui vous ont glorifiés! C'est le nom devant lequel l'Europe a tremblé, le nom que vos pères ont prononcé avec respect, le nom qui vous a fait ce que vous êtes; sans lui, vous ne seriez pas ou vous ne seriez plus *Français!*....

Mais, poursuivons, voyez-la encore, cette noble victime, tour à tour encensée et maudite, honorée et couverte d'outrage!.... Voyez-la servant de risée et de pâture à la haine et aux appétits grossiers d'une populace sans pudeur!.... Ces coups d'épingles par lesquels ces hommes de 93 préludent au coup de hache qui doit lui trancher la tête; ces persécutions, ces taquineries, ces visites, ces méfiances sans cesse renouvelées et poussées jusqu'à la plus brutale insolence! Sans doute il est cruel de mourir, il est cruel d'abandonner au bourreau une tête faite pour le diadême; mais au moins, on meurt et on ne souffre plus.... Lui, on le fait mourir à petit feu, lion superbe, livré à la rage d'enfants barbares, avant que la balle ou le fer ait mis un terme à ses affronts et à ses souffrances!....

Où sont-ils donc alors ces soldats qui ont fait le tour du monde sous le drapeau de la France? où est-elle cette noblesse qui se pressait si fière et si héroïque autour de son roi? où est-elle! Jetons un voile sur le passé.... Mais ce n'était pas sur la terre étrangère que devaient se rallier les fils des Croisés. C'était de la Bretagne et de l'héroïque Vendée qu'ils devaient s'élancer au pas de course pour aller arracher les royales victimes à leurs ennemis et sauver d'un même coup la France, la civilisation, la foi de nos pères!.... Dieu ne l'a pas permis....

.... Tout est consommé! un jugement a été rendu; une condamnation à mort a été prononcée!... Dérisoire et sacrilége parodie de ce qu'il y a au monde de plus sacré : la justice!.... Honte à l'écrivain qui oserait essayer de justifier cet injustifiable forfait, d'absoudre ce crime impardonnable... Un roi jugé, condamné à mort par des sujets rebelles!...

Qu'il est douloureux de suivre jusqu'au bout cette route

sanglante où la révolution a traîné la royauté dans la personne de Louis XVI !... Roi martyr, l'impiété terroriste trouvera pour toi un échafaud plus ignominieux que celui où Cromwell a traîné Charles Stuart ! Il y avait au cœur de l'Angleterre un reste de respect pour cette sainte auréole de la royauté !.... L'échafaud avait été tendu de noir ; un silence religieux semblait comme un dernier hommage rendu à cet auguste principe..... Mais le roi de France, lui, mourra comme les autres, sur une place publique, en face du palais témoin de la gloire de ses pères ! Sa tête tombera sur l'échafaud déjà rougi de sang, aux frémissements de rage d'une soldatesque effrénée, et aux roulements du tambour régicide !

A quoi comparer cette place de la Révolution, ce supplice de Louis XVI ? Ah !... le Calvaire seul a vu de plus grandes douleurs ; seule, la croix a reçu dans ses bras un plus innocent criminel ; ici, c'est un roi, là c'était un Homme-Dieu martyr ! Étrange et sublime ressemblance. Comme la victime de la révolution a su magnifiquement copier la victime de la synagogue; que Louis XVI a bien su trouver dans son Dieu crucifié un puissant modèle; comme lui calomnié, il n'opposa comme lui que le silence à la rage de ses ennemis; à l'exemple du Christ, il se laissa lier comme un criminel; il permit à des mains sacriléges de souiller la majesté de son front. Enfin, si une prière d'amour pour ses bourreaux s'exhala des lèvres défaillantes du fils de Dieu, une parole de pardon tomba des lèvres du fils de saint Louis.

Ici, la voix manque, le cœur se serre, et, anéanti en la présence du Dieu qui dispose à son gré des trônes et des couronnes, on ne peut que répéter, la douleur dans l'âme et des larmes dans la voix : Honneur ! respect ! amour au roi martyr ! Et toi, noble France, toi qui a si durement expié le martyre de ton roi, tu viendras déposer aussi tes regrets sur sa tombe; tu demanderas au Ciel que le bras vengeur du Très-Haut ne s'appesantisse pas sur toi davantage ; tu conjureras ta royale victime d'unir ses prières à tes prières, son amour à ton repentir! Ah!... que tes larmes se mêlent au sang de Louis XVI pour laver ton crime, purifier ton cœur, et te mériter le pardon des siècles!

LOUIS XVI MARTYR DANS SA FAMILLE

Nous avons pénétré dans l'âme de Louis XVI, nous venons d'assister à ce lamentable supplice de la royauté. Dans le roi, c'était surtout le martyre de l'esprit, le martyre d'une grande puissance précipitée tout à coup au plus profond de la misère et de l'infortune. Ici, c'est le martyre, le déchirement du cœur. Louis XVI était père, il était époux, il était frère. Où sont-ils, sous le soleil, les pères, les époux, les frères qui n'ont pas souffert, qui n'ont pas pleuré? O vous tous qui avez trempé vos lèvres au calice de l'infortune, nobles ou peuple, riches ou pauvres, lettrés ou ignorants, approchez-vous de Louis, venez mettre la main sur son cœur, et dites-nous si le roi de France n'a pas été le roi des malheureux, si les larmes qu'il a versées n'ont pas été les plus amères qui jamais aient rougi les yeux de l'humanité. Malheur à nous, si nous ne trouvions pas dans notre cœur d'homme des accents déchirants comme les douleurs mêmes qui ont déchiré le cœur de Louis XVI!

De toutes les gloires que Dieu a départies à l'homme, il n'en est pas de plus belle, de plus auguste, que celle de la paternité. La paternité, ce reflet, cette émanation, cette image de la

BIBLIOTHÈQUE ... IMPR.

gloire et de la bonté divines; la paternité, cet abrégé sublime de l'autorité sur la terre, ce mot profond qui veut dire : amour et puissance; ce fondement inébranlable de toute société; la paternité, enfin, qui, devenue un sentiment, élève le cœur, ravit l'âme au-dessus de la terre et nous rend plus forts que la mort!... De quel doux éclat, de quelle ineffable tendresse est rempli le regard d'un père! Aussi, quand on est père, on peut bien, en quelque sorte, rire, insulter à ses propres souffrances; mais quand on voit souffrir sous ses yeux l'objet de son amour, ce fils, l'orgueil et l'espérance de l'avenir, oh! alors, les entrailles paternelles se déchirent, le cœur saigne, l'âme se brise, et il se passe dans la poitrine d'un homme de ces mystères de douleurs qu'on peut bien sentir mais qu'on ne peut pas rendre.

Louis XVI était père. Il avait un fils beau, pur comme l'Ange préposé à sa garde, un fils qu'il voyait grandir à l'ombre du trône, et dans lequel il préparait à la France un père, et non pas un maître. Là était l'avenir, l'espérance, la force de la patrie; et puis, tout d'un coup, aux déchaînements de la tourmente révolutionnaire, s'évanouirent les rêves de bonheur et de gloire. Le cèdre puissant fut déraciné par l'orage. Le frêle arbrisseau pouvait-il lutter contre sa fureur? Pauvre enfant!... il a dit adieu au palais de ses pères, à ces vieux soldats qu'il aimait tant à voir, et le voilà jeté dans un cachot. Tendre fleur qui naguère s'épanouissait au soleil, dont le calice empourpré s'ouvrait aux pleurs de la rosée et se balançait au souffle de la brise, et qui va s'étioler et se flétrir au fond d'une sombre demeure sans soleil, sans air et sans rosée!...

Ah! que n'est-il né au seuil d'une chaumière, plutôt que sur les marches d'un trône. Père infortuné, que ne pouvez-vous laisser en héritage, à votre enfant, un pauvre petit coin de terre qu'il féconderait de ses sueurs, où il coulerait des jours ignorés!... Vœux superflus, regrets inutiles! Le voilà, le roi de France renfermé avec sa famille dans une chambre aux fenêtres grillées; ô spectacle sublime! S'il ne laisse pas à son fils la couronne, au moins lui laissera-t-il en héritage la vertu, la science; et celui dont la voix avait retenti puissante par toute l'Europe, est devenu le maître, le précepteur de Louis XVII! Qu'elle est touchante et pure, la leçon qui s'échappe de ses lèvres. Comme il sait merveilleusement instruire, former, consoler et reprendre cet enfant qui, déjà, commence à sentir son malheur.

Mais ce n'est pas assez pour la haine de ses ennemis; il y avait encore là du bonheur, le bonheur de la paternité. On arrachera l'enfant royal aux mains de son père; bientôt même au cœur de sa mère; et seul, sous la garde du dernier des hommes (si l'infâme Simon peut s'appeler un homme) le fils de Louis XVI expia, comme son père, dans des supplices de tous les jours, l'honneur de s'appeler Bourbon et d'être né fils de France! Affreuse solitude pour un père!... Mais incertitude plus affreuse encore sur le sort de son enfant!... Quoi donc! lui, qui était né grand, qui avait trouvé dans son berceau les glorieux souvenirs de tant de siècles; lui, l'arrière petit-fils de Louis XIV, il ne pouvait pas faire ce que le dernier des pères fait pour son enfant: il ne pouvait pas veiller sur lui, déposer soir et matin sur son front le baiser de l'amour paternel! Le bénir!... Non! ses bourreaux le lui défendaient!... Encore une fois, que va-t-il devenir, cet héritier de son nom! Peut-être n'auront-ils pas la barbarie de tremper leurs mains dans le sang de l'innocence... Mais la mort n'est-elle pas préférable à une vie d'opprobre et de douleurs? O ciel! un père réduit à désirer la mort de ce qu'il a de plus cher au monde!...

Qui sait, si dans ses insomnies cruelles qui venaient l'assaillir (la douleur est douée d'une sorte d'intuition prophétique), Louis ne voyait pas son enfant bien-aimé jeté entre les mains de ses bourreaux, les cheveux en désordre, le front pâle, le visage tiré par la souffrance, les yeux rougis de pleurs; s'il ne comptait pas les coups que l'infâme geôlier faisait pleuvoir sur sa victime; s'il ne frémissait pas d'horreur à la vue des mets grossiers qu'on lui présentait; s'il n'entendait pas les chansons impures qu'on osait apprendre à l'enfant royal pour lui apprendre du même coup à insulter son père, à mépriser sa mère!... Et l'avenir!... Effroyable prévision, bien loin encore de la vérité!... Louis XVI a bien été martyr dans sa paternité. Nous en appelons à tous les Pères!...

Louis XVI était père, il était époux. Un jour, aux applaudissements de la France et de l'Autriche, si longtemps rivales, la fille de l'héroïque Marie-Thérèse avait quitté le palais des Césars pour donner sa main royale au petit-fils de Louis XV. Jeune, belle, adorée, elle était venue en France chercher un époux, un trône, des honneurs!... Tout semblait lui promettre une longue suite de prospérités et de triomphes. Bientôt le roi de France s'appela Louis XVI; et la reine, Marie Antoinette. Hélas! les roses se transformèrent en cyprès, les applaudissements en malédictions, les cris de joie en hurlements de haine. L'époque fatale était arrivée. La révolte victorieuse avait chassé la cour des Tuileries à Versailles, de Versailles aux Tuileries et bientôt des Tuileries à la prison du Temple. La reine de France était captive, et son royal époux pouvait se dire, en contemplant cette noble princesse : « C'est moi qui l'ai précipitée dans l'abîme; peut-être elle mourra et sa mort sera mon ouvrage!... »

Arrêtons-nous devant ce nouveau martyre qui torturait le cœur de Louis XVI. L'océan de ses douleurs n'est pas encore franchi, et il faut que les ondes amères de la tribulation passent et repassent sur sa tête, comme tous les crimes de l'humanité passèrent et repassèrent sur le front et sur le cœur du Christ au jardin des Olives...

Un cachot! voilà donc le palais que le fils des Capétiens offre à la fille des Césars!... Une couronne d'épines sur ce front destiné à ceindre le plus brillant diadème ; une vie d'angoisses, d'humiliations, de douleurs à celle qui semblait née pour la joie, la gloire, le bonheur ! Comme elles retentissaient dans le cœur de Louis XVI, ces injures sanglantes que des bouches impures avaient vomies contre elle... Il la voyait, cette épouse chérie, il la voyait poursuivie par des nuées d'assassins fuyant à travers les galeries de son palais pour se dérober au poignard régicide ; il voyait des femmes sans pudeur, le poing fermé, la lèvre frémissante, se presser autour de leur reine et hurler des menaces de mort ; il entendait ces chants obscènes où étaient impudemment outragées la vertu de la femme, la dignité de la reine ; ces reproches iniques, ces noires accusations lancés au visage de son auguste compagne ! Elle, française par le cœur, accusée de trahir la France ; elle, enflammée d'amour pour son peuple, accusée de le haïr et de conspirer sa ruine ! Elle, l'épouse fidèle, accusée de tous les débordements du vice ; elle, la plus tendre des mères, accusée du plus épouvantable des crimes ! La fille, la sœur, la femme, la mère des rois, mise au ban d'une populace égarée par le mensonge, enivrée par la fureur !... Le déshonneur, la flétrissure du crime imprimée au front de la vertu ! Une existence brisée, un avenir perdu ; qui sait, peut-être un échafaud dressé !... Et tout cela parce qu'elle a uni sa destinée, son cœur et son avenir, à la destinée, au cœur et à l'avenir d'un roi ! Et, lui, il ne pouvait parler pour la justifier aux yeux de son peuple ; il n'avait pas de gardes à lui donner pour la protéger contre l'injure... la défendre contre la rage de ses ennemis ! Mais, quel voile de sang vient tout-à-coup obscurcir les regards de l'époux malheureux. Lui vivant, si la fille des Césars a été soumise à ce torrent d'injures et d'outrages ; quand la hache de la révolution aura fait tomber sa tête royale... que va-t-elle devenir cette reine, cette épouse !... Ah ! ces mains royales destinées à tenir le sceptre, réduites à manier l'aiguille et à recoudre des lambeaux de vêtements ; ces yeux dont l'éclat faisait pâlir les diamants, obscurcis par les pleurs et rougis par les veilles; ces joues, où naguère la jeunesse éclatait dans sa fleur, sillonnées par des larmes sans cesse renaissantes; cette blonde et belle chevelure, blanchie par les angoisses de la douleur!... cette femme fidèle jusqu'à la mort à la mémoire de son royal époux, forcée d'entendre les affreuses propositions du meurtrier de Louis XVI, d'un Robespierre ; enfin, pour couronner tant d'épreuves, l'échafaud avec ses hontes et ses affronts : voilà, voilà le sort de Marie Antoinette, voilà le supplice que la France infligeait à son roi : voilà comment Louis XVI a été martyr dans son cœur d'époux, comme il avait été martyr dans son cœur de père!...

A côté du trône croissait et rayonnait un beau lis dont les suaves parfums embaumaient la cour de Louis XVI. Ce lis à la blanche corolle, il ne fut pas respecté par la tempête de 93. Aux jours du bonheur et de l'espérance, Elisabeth prodiguait à son royal frère les tendres soins d'une sœur; aux jours du malheur et de la tempête, elle vient, ange consolateur, essuyer les larmes, apaiser les souffrances et parler de la couronne éternelle à celui qui voyait tomber de son front une couronne éphémère et périssable! Ah! qui pourra nous redire les vertus, les grâces, la douceur de cette fille des rois qui n'avait jamais vécu que pour sa famille, et qui faisait avec joie pour elle le sacrifice de sa vie. Mais tant de beauté, tant de jeunesse et de vertu, était-il donc fait pour s'ensevelir dans une prison, pour se vouer au supplice et à la douleur! Nouveau martyre pour le cœur de Louis XVI! Pouvait-il la regarder, ou seulement penser à elle, sans qu'aussitôt son âme se brisât, sans qu'elle défaillît de tristesse et d'amertume. Jeune enfant née pour un trône, et plongée dans un abîme de misères!... Tendre vertu faite pour s'épanouir au soleil de la gloire, et n'ayant pour témoins que les sombres murs d'un cachot!... Quoi donc! Elle pouvait fuir, la pieuse Elisabeth; elle pouvait aller chercher, sur la terre étrangère, le repos, le calme, un abri sûr contre l'orage, et par amour pour son frère, pour sa sœur, pour leurs enfants bien-aimés, elle préférera la France, la persécution, la mort même !... Jeune et sublime princesse ! que d'héroïsme dans son dévouement, que d'abnégation dans son sacrifice ! que de grandeur dans son immolation ! Conseils salutaires, exhortations pieuses, encouragements célestes, consolations chrétiennes, elle saura trouver tout dans son âme ; et sa seule présence sera comme un soleil dans la nuit du malheur, comme un baume sur de mortelles blessures, comme une fleur suave sur cette terre désolée de l'infortune !...

En vain Louis XVI avait lutté ; il avait ordonné, il avait prié. Elisabeth avait résisté ; elle avait voulu couronner son front du diadème sanglant, jeter sur ses épaules la pourpre dérisoire; boire, elle aussi, au calice d'amertume. Peut-être encore une victime de la révolution, encore un échafaud qui se dresse !... Encore du sang royal qui coule, et toujours à cause de lui, parce qu'Élisabeth est la sœur de Louis XVI.

Les jours s'étaient précipités rapidement. La fatale sentence avait été prononcée : le roi de France était condamné à mort... C'était la veille même du jour où devait se consommer le régicide. Les portes de la chambre de Louis XVI se sont ouvertes : deux femmes, une jeune fille, un enfant s'y précipitent... (La Convention n'avait pas cru pouvoir refuser à ces royales victimes ce qu'on accorde au dernier criminel). C'est là que le cœur de Louis va endurer à la fois tous les martyres ; c'est là que son âme, battue par les vagues écumantes d'une indicible douleur, va soutenir son dernier, son plus effroyable combat. Approchons avec respect de cet *Ecce homo* de la royauté....

A peine ces cinq êtres, unis par les doubles liens de la souffrance et de l'amour, se sont-ils élancés dans les bras l'un de l'autre, qu'aussitôt les larmes, les sanglots, les cris de la douleur retentissent... et pendant quelques minutes, c'est le seul langage de ces cœurs qui se brisent, se déchirent!... Le roi, les yeux levés vers le ciel, les bras étendus, cherchant à presser à la fois sur son cœur ceux qu'il va bientôt quitter pour jamais!... Marie-Antoinette, pâle, échevelée comme la statue de la douleur, les lèvres tremblantes, belle de toutes les grâces de la jeunesse, de toutes les émotions de son âme! Madame Elisabeth, comme un beau lis penché sur sa tige, et ne se soutenant que sur les bras de son frère bien-aimé! Marie-Thérèse, suspendue au cou de son père et l'inondant de ses baisers et de ses larmes! enfin Charles-Louis-Auguste se précipite sur les genoux du martyr et mêle ses cris déchirants aux sanglots qui bondissent de toutes ces poitrines!.. Et puis, comme après les grandes tempêtes de la douleur, ce calme solennel, ces visages qui se rapprochent, ces bras qui s'enlacent, cette famille, abîmée dans ses tristesses, qui fait silence pour écouter, recueillir, garder au fond de son âme les dernières paroles du père, du frère, de l'époux!..... Que de sentiments, que de mots contenus dans ces regards, dans ces serrements de mains, dans ces touchantes expressions d'un amour qui déborde de l'âme!.. Qu'elle est faible, douce et recueillie, cette voix du patriarche des douleurs!... Que se passa-t-il alors? ces cœurs seuls peuvent le savoir. Il fallait parler bas; car l'oreille révolutionnaire était là tendue, attentive... comme si ces cœurs qui s'épanchaient, qui se disaient adieu, conspiraient la ruine de la République. Sacrilége, infâme, infernale tyrannie!... Que se passa-t-il là?... Silence!... Les adieux, comme les tombeaux, ont leurs mystères.

Les moments se sont écoulés.... L'heure, l'heure suprême va venir; la main brutale du geôlier a retenti sur la cloison: il faut se séparer!... Alors cette douleur, comme endormie, se réveille, s'exalte, s'échappe des poitrines, les victimes se serrent, se rapprochent, s'étreignent; alors ces cris étouffés, ces plaintes amères, ces sanglots, ces larmes, ces soupirs qui se croisent, s'entrechoquent, s'appellent, se répondent, s'élancent d'un cœur à un cœur, d'une âme dans une âme; alors ce roi, jusque-là ferme et intrépide, mais dont le cœur commence à s'ébranler, cette épouse qui lui parle à travers les pleurs, cette sœur qui s'évanouit, ces deux enfants qui conjurent, qui prient, qui gémissent... et la main brutale qui frappe encore, la porte qui va s'ouvrir! Entendez-vous ce dernier adieu qui s'échappe de leurs lèvres, bref, saccadé, frémissant, ces dernières étreintes, ces derniers baisers, et puis soudain ces quatre êtres qui s'agenouillent éplorés, demandant au chef de la famille de les bénir... ; ces quatre mots qui tombent de la bouche paternelle et qui renferment un monde de sentiments, un océan d'amour: « Je vous bénis... adieu! » C'était l'adieu éternel.

Le martyr se trouva seul, seul avec sa douleur, seul avec lui-même. La terre s'évanouissait.... Il avait épuisé le calice jusqu'à la lie... Louis XVI n'avait plus qu'à mourir!

De cette scène douloureuse, un seul témoin restait il y a deux ans encore... Marie-Thérèse vient d'emporter dans la tombe les secrets de cette touchante et dernière entrevue. Ah! si Louis eût pu prévoir l'avenir réservé à sa fille chérie, n'eût-il pas demandé à Dieu de la ravir à son amour? L'échafaud n'était-il pas préférable, pour la fille des rois, à cette vie de douleurs et d'infortune? Après avoir vu tomber autour d'elle, sous la hache ou sous la persécution, tant de royales victimes, après avoir été trois fois chassée et trois fois rappelée par son ingrate patrie, après avoir reçu le dernier soupir de deux rois et de deux héritiers du trône, elle est restée debout, ruine vivante et vénérable, mais pour mourir sur la terre étrangère, sans pouvoir saluer encore une fois cette France à laquelle, malgré ses égarements, elle avait gardé un si fidèle amour!

LOUIS XVI MARTYR DANS SA FOI

S'il est un spectacle digne de fixer l'attention de l'historien, c'est assurément celui que présenta, durant de longs siècles, l'union de la foi religieuse et de la foi monarchique en France. Il est beau de voir ces deux puissances concentrer leurs forces et travailler de concert à faire de notre nation la première nation du monde : l'une fille du ciel et tenant son autorité, sa force, sa vie de Dieu même ; l'autre prenant racine dans les entrailles même de la France, retrempée, rajeunie de siècle en siècle aux sources vives de la volonté nationale, clairement et librement manifestée. A l'une le glaive des idées pour dompter les intelligences, éclairer les cœurs ; à l'autre le glaive des combats pour dompter la matière, la religion prêtant à la monarchie sa force morale, la monarchie lui offrant, en retour, le secours de son bras. Et toutefois toutes deux gardant leur indépendance et s'avançant à travers les générations comme deux nobles sœurs qui savent mutuellement faire leur devoir et respecter leurs droits.

Aussi l'impiété révolutionnaire comprit-elle que toutes deux devaient être attaquées, renversées, broyées ensemble sous les roues de son char. Du même coup elle prétendit à la fois abattre ces deux reines de la civilisation. Pour frapper la religion au cœur, il fallait frapper la monarchie dans son auguste représentant : le roi. Voilà pourquoi Louis XVI, martyr dans la royauté, fut également martyr dans la foi de ses pères.

A l'aurore même de la monarchie, quand Clovis, à Tolbiac, affermissait la couronne sur sa tête, la religion, qui lui avait donné la victoire, courba ce front royal et le marqua de l'onction sainte ; dès lors la France apparut dans le monde, la croix d'une main et l'épée de l'autre, toujours prête à servir et à défendre la cause du Christ contre ses ennemis.

Aussi, lorsque l'Europe éperdue appela les enfants du Nord pour repousser l'invasion des fils de Mahomet, la France répondit au cri d'alarme de l'Eglise et de la civilisation, et ce fut son Charles-Martel, qui vint broyer sous sa lourde massue ces escadrons de l'islamisme, qui avaient parcouru en vainqueurs l'Asie, l'Afrique et l'Espagne.

Aussi, lorsque le Lombard insolent osa outrager l'Eglise de Jésus-Christ dans la personne de son Pontife, le fils de Charles-Martel franchit deux fois les Alpes, et deux fois rendit sa gloire et sa liberté au Saint-Siége ; et quand Charlemagne étendit sur l'Europe son sceptre glorieux, l'Eglise trouva en lui le défenseur de ses droits, le protecteur de ses ministres, et le père des lettres, qui s'étaient réfugiées, pour ne pas mourir, au fond des abbayes et des cloîtres.

Aussi, lorsque l'Orient, écrasé sous la verge de fer des Sarrasins, n'attendait plus rien des hommes, ce fut la France qui jeta vers lui ses héroïques regards, et à la voix des Pierre l'Hermite, des saint Bernard, elle se précipita, terrible et fière, sur les soldats de Mahomet. Elle versa son sang à flots là même où avait coulé le sang d'un Dieu.

Son Louis-le-Gros, son Philippe-Auguste, son saint Louis arborèrent sur les plages lointaines le vieil étendard des lis et apprirent à l'islamisme frémissant que ses rois et ses chevaliers étaient les défenseurs du Christ et les premiers soldats du monde.

Aussi lorsque, durant la suite des siècles, l'Eglise assiégée, persécutée, outragée par ses ennemis, semblait devoir succomber dans la lutte, les rois de France étaient là, toujours prêts à lever le sceptre ou à tirer l'épée pour sa défense.

Aussi, lorsque la race royale, presque tarie dans sa source, allait manquer à la France, son roi consacra son royaume et sa famille à la Vierge Marie, et bientôt la tige des Bourbons poussait un rejeton de plus, et la France saluait avec joie le fils de Louis XIII, plus tard son grand Louis XIV.

C'était cette Eglise que ses pères avaient aimée en fils respectueux, qu'ils avaient défendue en soldats intrépides, cette Eglise qui avait chanté leurs victoires et pleuré leurs défaites, qui avait empourpré de sa gloire l'horizon d'une monarchie séculaire ; c'était cette Eglise que Louis XVI voyait attaquer avec fureur, insulter avec rage ; c'était cette foi qu'il voyait livrée en pâture à la haine et au mépris de l'impiété, dont il voyait emprisonner les ministres et menacer les pasteurs. Nouveau martyre pour cette âme vraiment catholique et française !

A côté de la royauté, de la gloire et de la naissance, s'était élevée la royauté de l'intelligence et du génie. Voltaire, l'Arius du XVIIIe siècle, avait jeté le gant à l'Eglise et déversait à grands flots sur les croyances de près de deux mille ans l'ironie amère et la sanglante calomnie. Le premier, il avait poussé le cri de la révolte, et ce cri courut dans la société française comme un frissonnement de haine et de fureur. Autour de lui s'étaient groupés fièrement les hommes du philosophisme et de l'impiété. Voltaire éludait avec esprit les hideuses conséquences de ses doctrines. Rousseau les avouait audacieusement. Le patriarche de Ferney ébranlait en riant, le philosophe de Genève sapait en rugissant les bases de l'édifice religieux et social. De là, les abominables folies du panthéisme et de l'athéisme, du socialisme et du communisme ; de là le déchaînement des passions, l'enivrement de la haine, les désordres honteux d'une aristocratie corrompue jusqu'à la moelle, les sourdes menées d'une bourgeoisie impatiente, les jalousies féroces d'une multitude abusée... Dieu n'est plus qu'un mot, et ce mot est un mensonge ; l'âme n'est pas, le néant est créateur, la matière est éternelle ! Il n'y a plus de frein qui retienne, de mesure qui arrête, de force qui impose. On a battu en brèche les doctrines, et maintenant c'est aux hommes, aux édifices que l'on déclare la guerre. Le nom du Christ est proscrit... l'œuvre de la destruction commence.

Ainsi donc, les mystères de la religion indignement attaqués ou travestis; cette foi, l'honneur et la gloire de la nation très-chrétienne, devenue un objet d'horreur et de mépris; ces préceptes sublimes, qui enseignaient à l'homme ses devoirs les plus sacrés, outrageusement méconnus, cette grande voix de quatorze cents ans étouffée par les hurlements d'une impiété délirante. Bien plus! la France prostituée, vendue à des Judas profanateurs et à des criminels audacieux, la patrie livrée en pâture à des hommes sans foi, sans loi, sans pudeur, l'Eglise mise au ban et proscrite comme une étrangère sur cette vieille terre où si longtemps elle avait abrité sa gloire; les prêtres placés entre l'apostasie d'une part et l'échafaud de l'autre. Les massacres, les noyades, les exportations, les proscriptions tombant tour à tour sur les confesseurs de la foi; la terre, si fertile en saints et en docteurs, abreuvée du sang des martyrs; les temples du Très-Haut profanés, les tabernacles violés, l'auguste victime arrachée de ses sanctuaires, foulée aux pieds, hachée dans la paille et dans le foin de vils animaux; les pierres elles-mêmes en butte à la fureur et à la rage de l'impiété; les cathédrales, les monastères dépouillés de leurs ornements, ces vieux souvenirs de la religion et de la patrie mutilés, quelquefois renversés par la hache et par le marteau; l'abbaye de Saint-Denis saccagée, mise au pillage et la cendre de nos vieux rois mêlée à la poussière des chemins; en un mot, tout ce qui se rattache au Christ et à l'Eglise, aux rois et à la monarchie, soulevant les colères, attisant les haines et excitant les tempêtes. Voilà le triste spectacle qui se déroulait sous les yeux de Louis, de ce prince qui avait reçu de ses ancêtres, avec le sang royal, un sang, durant de si longs siècles, bouillonnant pour la défense de la foi, pour la gloire de l'Eglise !..... Tant de grandeur, tant de majesté, tant de puissance s'abîmant à la fois dans le gouffre béant, immense, effroyable de la révolution. Etrange destinée réservée à la patrie par la Providence ! Le Dieu de Clovis, de Charlemagne, de saint Louis outragé par les fils de la noble France. On adore ce que nos pères ont brûlé, on brûle ce que nos pères ont adoré ; on renverse ce qu'ils ont construit, on relève ce qu'ils ont renversé. La déesse de la Raison ira s'installer triomphante dans la vieille église de Notre-Dame, et bientôt, sur les débris mutilés de l'autel et du trône, la France pourra écrire : « Tout est perdu, même l'honneur ! »

Mais voulez-vous voir le martyr dans toute la pureté de de son héroïsme et de sa foi, lisez ce testament qu'il lègue à son pays et à sa postérité, accompagnez ses pas jusqu'à l'échafaud où va tomber sa noble tête, et dites-nous si ce ne sont pas là les actes et la mort d'un martyr.

Qu'elles sont grandes, les dernières volontés de Louis XVI ! Comme sa foi se reflète ardemment dans ces lignes tracées par une main royale ! Ce n'est pas un père qui lègue à ses enfants le dernier témoignage de son amour, c'est le son que rend une grande âme au moment où la vie du temps s'achève et où commence pour elle la vie sans fin !... C'est un saint, un élu déjà illuminé des splendeurs divines, et s'adressant à l'humanité tout entière.

Quelle noble et touchante simplicité dans cette profession de foi catholique !... Quel sublime abandon entre les mains du Dieu qui fait et qui défait les rois ! Quel sentiment profond de sa faiblesse, comme aussi quelle négation solennelle de tous les crimes dont on l'accuse ! Comme à la face de la France et du monde il proteste de son amour pour la patrie, de ses intentions pures, de son inviolable attachement à la vérité ! Comme le chrétien sait noblement défendre la vengeance à son fils, *s'il a quelque jour le malheur d'être roi!* Comme son cœur sait parler un noble langage! Que de résignation, de grandeur, d'héroïsme dans ces adieux qu'il adresse à sa royale épouse, à sa sœur bien-aimée, à ses enfants chéris!... Quelle autorité touchante, quand il leur dit de pardonner, à son exemple, les outrages, la persécution, la mort même qu'il va bientôt subir!... Qu'il est grand, enfin, cet adieu au monde d'un martyr qui entrevoit pour son front une couronne plus éclatante que celle dont il a hérité de ses glorieux ancêtres!...

Le jour fatal est arrivé : suivez jusqu'à son Calvaire cet homme de douleurs, cette victime du peuple et des rois; il a su mourir comme mouraient dans l'arène ces héroïques phalanges de martyrs tombant sous le fer des persécuteurs!... Paris est devenu la Rome païenne; seulement le Néron est toute une populace altérée de sang respirant la haine et hurlant la vengeance.

C'était par une sombre journée.... le 21 janvier 1793; un long voile de deuil planait sur la nature.... Des nuages sombres pesaient sur la cité régicide comme autrefois sur la déicide Jérusalem!... Un vent froid et lugubre courait par les rues et s'engouffrait sur les places publiques; un je ne sais quoi de morne, de glacial, de sinistre était répandu dans les airs; c'était, comme parle Tacite, le silence des grandes terreurs. Sur la place Louis XV, vis-à-vis du Palais des Rois, un échafaud dressait sa tête altière et sanglante; des canons à la gueule menaçante l'enceignaient d'un formidable rempart; une forêt de piques, de baïonnettes hérissait les alentours; et la voix sauvage des sentinelles échangcant le mot d'ordre, se mêlait au frémissement sourd et profond de deux cent mille spectateurs. Tout à coup les rangs s'ouvrent, la multitude refoule à droite et à gauche ses flots tumultueux; des hommes en guenilles, le bonnet au front, la pique ou le sabre à la main, le visage sombre, les yeux menaçants, ouvrent le cortége qui se déroule lentement; à l'extrémité roule pesamment une voiture. Cette voiture arrive au pied de la fatale machine; un homme en sort accompagné d'un prêtre, et cet homme, c'est le roi de France; il monte les degrés, et la stupeur de la foule redouble, et une agitation formidable se manifeste dans la multitude!... Louis XVI est arrivé au faîte. Là une lutte s'engage; le fils des rois doit-il permettre à d'insolents bourreaux de porter les mains sur sa personne, de le lier comme un criminel?... Mais le prêtre a dit un mot: «Encore un trait de ressemblance avec Jésus-Christ!» et les bouillonnements du sang royal s'apaisent, sa tête s'incline, il a tendu les mains, les bourreaux font leur devoir. Comme le fils de Dieu, il a été mis au rang des scélérats!...

Ce moment fatal est arrivé : mais, avant de mourir, le roi veut parler à son peuple; il s'avance d'un pas ferme, et se tournant vers la multitude : «Français, je suis innocent, je meurs innocent; je pardonne....» Un roulement de tambour se fait entendre; la voix royale est étouffée.... Mais c'en est assez pour la France, son roi condamné, son roi qui va mourir lui a pardonné. Une dernière prière s'était exhalée des lèvres du martyr; et au moment où s'accomplissait le crime, une voix sublime avait retenti, qui disait : «Fils de saint Louis, montez au ciel.» Hélas! la France alors était régicide....

Que la patrie pousse un cri de douleur! Qu'elle couvre son front d'un voile de deuil, et que les âges présents et futurs viennent pleurer sur la froide dépouille de ce roi qui meurt parce qu'il aima trop son peuple, et qui porte sur lui les gloires et les grandeurs, les fautes et les crimes de tant de siècles!

1854. — DE SOYE ET BOUCHET, IMPRIMEURS, 2, PLACE DU PANTHÉON. — PARIS.

BIBLIOTHEQUE NATIONALE DE FRANCE
3 7502 04239485 0

www.ingramcontent.com/pod-product-compliance
Ingram Content Group UK Ltd.
Pitfield, Milton Keynes, MK11 3LW, UK
UKHW020356250726
13967UKWH00005B/2320

9 782012 974654